15 janvier 1889

Vente des Mardi 15 et Mercredi 16 Janvier 1889

HOTEL DROUOT, SALLE N° 5

ESTAMPES

1889

Me MAURICE DELESTRE
COMMISSAIRE-PRISEUR,
27, rue Drouot, 27

M. J. BOUILLON
Marchand d'Estampes de la Bibliothèque Nationale
SUCCESSEUR DE CLEMENT
3, rue des Saints-Pères, 3

CATALOGUE
D'ESTAMPES
ANCIENNES

CATALOGUE
D'ESTAMPES
ANCIENNES

DES ÉCOLES FRANÇAISE, ALLEMANDE
ET HOLLANDAISE

DONT LA VENTE AUX ENCHÈRES PUBLIQUES AURA LIEU

HOTEL DROUOT

SALLE N° 5

Les Mardi 15 et Mercredi 16 Janvier 1889,

A 2 heures très précises.

Par le ministère de Mᵉ **MAURICE DELESTRE**, Commissaire-Priseur,
27, rue Drouot

Assisté de **M. J. BOUILLON**, marchand d'Estampes de la Bibliothèque Nationale,
rue des Saints-Pères, 3.

PARIS — 1889

CONDITIONS DE LA VENTE

La vente se fera au comptant.

Les acquéreurs payeront *cinq pour cent* en sus des enchères, applicables aux frais.

ORDRE DES VACATIONS

Mardi 15 Janvier	Nos	1 à 205
Mercredi 16 »		206 à la fin.

DÉSIGNATION

ESTAMPES

ALDEGREVER (H.)

1 — L'Histoire de Loth, 1555. Suite de quatre estampes (B., 14-17).

Très belles épreuves; deux sont doublées.

2 — Le Jugement de Salomon (B., 29).

Superbe épreuve.

3 — Les Vieillards lapidés par le peuple (B., 33), — Apollon (B., 74), — Lucrèce, par G. Pencz. Trois pièces.

4 — Dalila, 1528 (B., 35), — Thisbé (B., 106). Deux pièces.

Bonnes épreuves.

5 — La Nativité, 1553 (B., 39).

Très belle épreuve.

6 — Le Samaritain charitable (B., 43), — Apollon (B., 74). Deux pièces.

Superbes épreuves.

7 — La Vierge debout, 1527 (B., 51).

Superbe épreuve.

8 — Médée et Jason, 1529 (B., 65), — Rhea Sylvia (B., 66). Deux pièces.

Belles épreuves..

9 — Titus Manlius, 1553 (B., 72).

Très belle épreuve.

ALDEGREVER (H.)

10 — Le Père Sévère, 1553 (B., 72).

Très belle épreuve.

11 — La Foi, 1528 (B., 131), — La Force, 1528 (B., 133). Deux pièces.

Très belles épreuves.

12 — Le Pouvoir de la mort, 1541. Suite de huit pièces, dont nous n'avons que deux (B., 138-139).

Bonnes épreuves.

13 — Henri Aldegrever, âgé de 28 ans, 1530 (B., 188).

Très belle épreuve.

14 — Dessin de gaîne, partie supérieure (B., 225), — Trois amours qui portent un ours (B., 231), — Montant d'ornements (B., 277). Trois pièces.

15 — Dessin de grotesques, 1550 (B., 281).

Superbe épreuve.

16 — Montant d'ornements qui sortent d'un vase placé au bas de l'estampe, 1552 (B., 285).

Très belle épreuve.

ALTDORFER (Albert)

17 — Judith (B., 1).

Superbe épreuve.

18 — Salomon idolâtre (B., 4).

Très belle épreuve.

19 — Jésus-Christ et la Vierge, 1519 (B., 9).

Superbe épreuve avec une petite marge.

20 — La Vierge (B., 11).

Superbe épreuve.

21 — La Vierge (B., 12).

Superbe épreuve.

22 — La Vierge et sainte Anne (B., 14).

Très belle épreuve.

ALTDORFER (Albert)

23 — La Vierge (B., 17).
Très belle épreuve.

24 — Saint Christophe (B., 19).
Très belle épreuve.

25 — Saint George (B., 20).
Très belle épreuve.

26 — Saint Jérôme (B., 21).
Très belle epreuve.

27 — Vénus et deux Amours (B., 32).
Superbe épreuve.

28 — Vénus (B., 34).
Superbe épreuve avec marge.

29 — Vénus (B., 35).
Superbe épreuve.

30 — Le Jugement de Pâris (B., 36).
Très belle épreuve.

31 — Le Triton et la Néréide (B., 39).
Très belle épreuve.

32 — L'Homme armé de toutes pièces (B., 50).
Très belle épreuve.

33 — Le Petit Porte-enseigne (B., 52).
Très belle épreuve.

34 — Femme assise sur une cuirasse (B., 57).
Très belle épreuve.

ANONYME

35 — *Du Bary* (la comtesse), in-8.
Très belle épreuve, marge.

BARBIÉ

36 — *Catherine II*, impératrice de Russie, in-8.
Belle épreuve, marge.

BARTOLOZZI (F.)

37 — Euphrosine, d'après G. Amiconi.
Très belle épreuve.

38 — Vénus et l'Amour dans un paysage, d'après Ang. Kauffman. Pièce en couleur de forme ovale.
Belle épreuve.

39 — Imogen's Chamber, d'après W. Martin.
Très belle épreuve.

40 — Mortal che sei ? Un nulla, d'après Ramberg, in-8.
Belle épreuve.

BAUDOUIN (d'après P.-A.)

41 — L'Épouse indiscrète, par N. de Launay (E. B., 21).
Très belle épreuve.

42 — *Jusques dans la moindre chose...*, par L.-J. Masquelier (E. B., 27).
Très belle épreuve, marge.

43 — Le Matin, — Le Midi, — La Nuit, — Le Soir. Suite de quatre pièces gravées par de Ghendt (E. B., 32, 33, 35 et 46).
Superbes épreuves.

44 — *Sa taille est ravissante...*, par Le Beau, 1776 (E. B., 43).
Très belle épreuve.

45 — Les Soins tardifs, par N. de Launay (E. B., 45).
Superbe et très rare épreuve d'un état non décrit, avant la bordure et avant quelques légers travaux dans toutes les parties. Marge.

BEHAM (B.)

46 — Judith (B., 4).
Superbe épreuve.

47 — La Vierge à la tête de mort (B., 5).
Superbe épreuve.

48 — La Vierge à la fenêtre (B., 8).
Très belle épreuve. Rare.

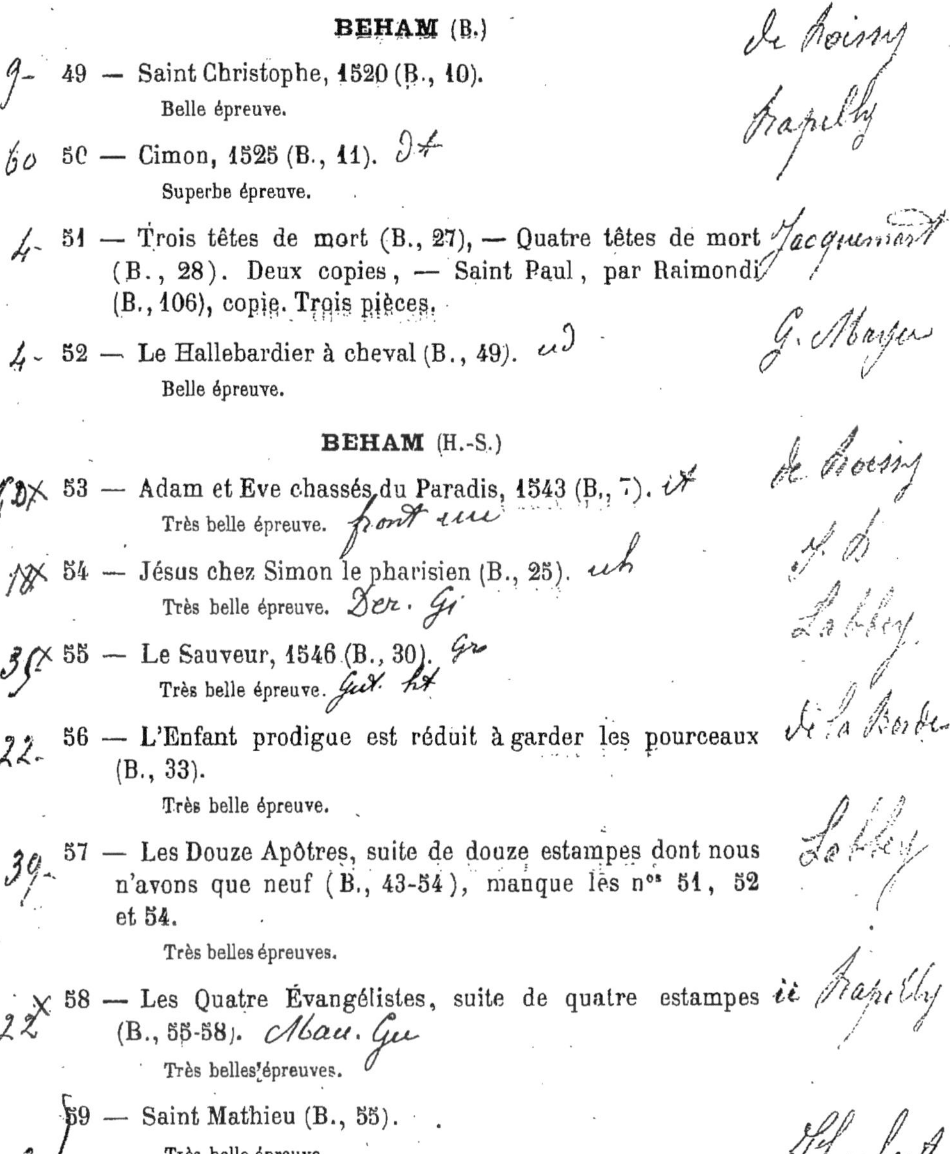

BEHAM (B.)

49 — Saint Christophe, 1520 (B., 10).
Belle épreuve.

50 — Cimon, 1525 (B., 11).
Superbe épreuve.

51 — Trois têtes de mort (B., 27), — Quatre têtes de mort (B., 28). Deux copies, — Saint Paul, par Raimondi (B., 106), copie. Trois pièces.

52 — Le Hallebardier à cheval (B., 49).
Belle épreuve.

BEHAM (H.-S.)

53 — Adam et Eve chassés du Paradis, 1543 (B., 7).
Très belle épreuve.

54 — Jésus chez Simon le pharisien (B., 25).
Très belle épreuve.

55 — Le Sauveur, 1546 (B., 30).
Très belle épreuve.

56 — L'Enfant prodigue est réduit à garder les pourceaux (B., 33).
Très belle épreuve.

57 — Les Douze Apôtres, suite de douze estampes dont nous n'avons que neuf (B., 43-54), manque les nos 51, 52 et 54.
Très belles épreuves.

58 — Les Quatre Évangélistes, suite de quatre estampes (B., 55-58).
Très belles épreuves.

59 — Saint Mathieu (B., 55).
Très belle épreuve.

60 — Saint Jérôme, 1519 (B., 59).
Très belle épreuve.

BEHAM (H.-S.)

61 — L'Enlèvement d'Hélène (B., 70).
Superbe épreuve.

62 — Cimon nourri par sa fille, 1544 (B., 74).
Très belle épreuve.

63 — Cimon nourri par sa fille, 1544 (B., 75).
Très belle épreuve.

64 — Cimon nourri par sa fille, 1544 (B., 75).
Bonne épreuve.

65 — Cléopâtre (B., 77).
Très belle épreuve.

66 — Trayan (B., 82).
Très belle épreuve.

67 — L'Amour, 1521 (B., 93).
Très belle épreuve.

68 — L'Impossible, 1249 (B., 145).
Superbe épreuve.

69 — La Mort surprenant la femme endormie (B., 146).
Belle épreuve.

70 — La Jeune Femme accompagnée d'un bouffon, 1541 (B., 149).
Belle épreuve de la planche retouchée.

71 — La Mort se saisissant d'une femme nue et debout (B., 150).
Belle épreuve de la planche répétée.

72 — Les Noces de village, 1546, suite de dix pièces dont nous n'avons que quatre (B., 156, 157, 160 et 162), — Les Paysans qui se battent (B., 165). Cinq pièces.
Belles épreuves.

73 — Deux couples de danseurs villageois (B., 156), — Des paysans qui se battent (B., 165). Deux pièces.
Belles épreuves.

BEHAN (H.-S.)

74 — Marche des nouveaux mariés de village, suite de huit pièces; nous en avons deux (B., 179 et 182).

Superbes épreuves, marge.

75 — Le Porte-enseigne et le tambour, 1544 (B., 199).

Très belle épreuve.

76 — Le Soldat, 1520 (B., 203).

Très belle épreuve.

77 — Le Bouffon et les deux couples d'amoureux (B., 212).

Très belle épreuve de la seconde planche; au milieu du haut, la date : 1535.

78 — La Femme couchée, vue de dos (B., 215).

Très belle épreuve.

79 — Le Berger, 1525 (B., 216).

Très belle épreuve.

80 — L'Alphabet romain, 1545 (B., 229).

Très belle épreuve.

81 — Vignette au mascaron, 1544 (B., 228).

Très belle épreuve.

82 — L'Alphabet romain, 1545 (B., 229).

Très belle épreuve.

83 — Le Petit Bouffon, 1542 (B., 230).

Superbe épreuve.

84 — Le Mascaron, 1543 (B., 231).

Superbe épreuve.

85 — Chapiteau de colonne (B., 248).

Belle épreuve.

86 — Les Armoiries de Sebald Beham, 1544 (B., 254).

Très belle épreuve.

87 — Adam et Eve accompagnés l'un et l'autre de deux enfants et de la Mort (B., 74 des gravures sur bois).

Belle épreuve.

BELLA, CALLOT ET HOLLAR

88 — La 4e mort, — Le Triomphe de la mort, — Paysages, — La Foire de Florence, etc. Huit pièces.

BERGHEM (N.)

89. — La Vache qui s'abreuve (B., 1).

Très belle épreuve, avec l'adresse de Visscher, marge.

90 — La Vache qui pisse (B., 2).

Superbe épreuve du deuxième état, avant toute adresse.

91 — La même estampe.

Épreuve avec l'adresse de Valk.

BETOU (Alexandre)

92 — Sujets mythologiques et de fantaisie, d'après le Primatice. Trois pièces.

Belles épreuves.

BINET (d'après)

93 — Nic. Ed. Restif, fils Edme, par Berthet. in-4,

Belle épreuve.

BINK (J.)

94 — La Sainte Vierge (B., 17).

Belle épreuve.

95 — Le Paysan dansant avec une nouvelle mariée (B., 75).

Très belle épreuve.

BLONDUS (Michel)

96 — Armoiries, suite de huit pièces numérotées, titre : *Verscheyden Wapenschilden Verciert met Helm en lof.... Geinventeert by den H. Agent van Sweden Michiel le Blon. J. C. Visscher excudebat.*

Superbes épreuves, avec marges.

97 — Motifs de décoration en forme de culs-de-lampe. Deux pièces.

Belles épreuves.

BOL (F.)

98 — Saint Jérôme dans une caverne (Cl , 3).

Superbe épreuve du premier état.

BOLSWERT (Boece A.)

99 — Scènes flamandes, d'après Vinckenboons, suite de quatre pièces numérotées.

Très belles épreuves.

100 — Un vieillard caressant une jeune fille, d'après D. Vinckenboons.

Belle épreuve.

101 — Bacchanale hollandaise.

Très belle épreuve.

BOLSWERT (S.-A.)

102 — La sainte Famille, d'après Rubens.

Très belle épreuve.

BONNINGTON

103 — Les Trois pendus, — Vue générale des ruines du château d'Arlan (Franche-Comté). Deux pièces.

BOSSE (Abr.)

104 — Visiter les prisonniers, — Jeanne d'Arc s'entretenant avec le roi, d'après C. Vignon. Deux pièces.

BOUCHER (d'après F.)

105 — Elle mord à la grappe, par J.-J. Pasquier.

Très belle épreuve.

BOUCHER et CARÊME (d'après)

106 — Nymphe surprise par un satyre, — Bacchanale. Deux pièces gravées aux trois crayons par Demarteau.

Belles épreuves.

BOVINET

107 — *Dubarry* (la Comtesse). In-8.
Belle épreuve, marge.

BROSAMER (Hans)

108 — Jésus-Christ à la croix, 1545 (B., 5).
Superbe épreuve.

109 — Hercule étouffant Anthée, 1540 (B., 14).
Très belle épreuve.

BRY (les De)

110 — L'Age d'or. Pièce de forme ronde.
Très belle épreuve.

111 — Le Triomphe de Bacchus.
Très belle épreuve, avec une petite marge.

112 — Soldats escortant un convoi suivi de la Mort.
Bonne épreuve.

113 — Fond de coupe. Le Capitaine Prudent.
Très belle épreuve.

114 — Gaines de couteaux où sont représentés Minerve et Suzanne surprise par les vieillards. Deux sujets sur une même feuille.
Très belle épreuve.

115 — Agrafes et bijoux. Cinq sujets sur une même feuille.
Très belle épreuve.

CALAMATTA, BRACQUEMOND, etc.

115 *bis* — George *Sand*, — Th. Gautier. Quatre pièces.

CALLOT (J.)

116 — *Callot* (Jacques), par Michel Lasne. In-8.
Bonne épreuve.

117 — Le Passage de la mer Rouge (M., 1)
Belle épreuve du troisième état, plus la copie. Deux pièces.

CALLOT (J.)

118 — Le Massacre des Innocents (2e planche) (M., 6).

Belle épreuve.

119 — La sainte Famille à table (M., 65).

Bonne épreuve du deuxième état.

120 — La Vie de la sainte Vierge (M., 76-89). Suite de quatorze estampes y compris le frontispice, — L'Annonciation (n° 71). Quinze pièces.

Très belles épreuves du premier état, avant les numéros.

121 — Le Martyre de saint Sébastien (M., 137).

Très belle épreuve du premier état.

122 — Saint Nicolas ou saint Séverin (M. 140).

Bonne épreuve du deuxième état.

123 — Les Péchés capitaux. Suite de sept estampes (M., 157-158).

Belles épreuves avec les numéros, marges.

124 — Les Petites misères de la guerre. Suite de sept pièces, y compris le titre (M., 557-573).

Très belles épreuves, marges.

125 — Les Grandes misères de la guerre. Suite de dix-huit pièces (M., 564-581).

Très belles épreuves du deuxième état, avant que les mots *Israel excudit* aient été enlevés. En un vol. in-4 obl., dem.-rel. mar. rouge.

126 — Les Exercices militaires. Suite de treize pièces (M., 582-594), — La Rencontre à l'épée, — La Rencontre au pistolet (M., 595-596). En tout quinze pièces.

Très belles épreuves avec les numéros, marges.

127 — La Carrière ou la rue Neuve de Nancy (M., 621).

Belle épreuve.

128 — Les Deux pantalons (M., 626), — Le Capitan ou amoureux (M., 628). Deux pièces.

Belles épreuves.

CALLOT (J.)

129 — Le Géant Tiphée accablé sous le mont Ischia (M., 630).

Belle épreuve.

130 — Les Supplices (M., 665).

Très belle épreuve du deuxième état, où la tour et la petite statue de la Vierge sont encore très distinctes

131 — Le Brelan, ou l'Enfant prodigue trompé par une troupe de filous (M., 666)

Très belle épreuve.

132 — La Petite Treille (M., 710).

Très belle épreuve.

133 — Vue du Pont-Neuf, de la Tour et de l'ancienne Porte de Nesle (M., 714).

Belle épreuve.

134 — Les Bossus ou Gobbi (M., 747-767). Suite de vingt pièces.

Belles épreuves du deuxième état, avec marges.

CARRACHE (Annibal)

135 — La Soucoupe (B., 18).

Très belle épreuve.

CATHELIN

136 — *Artois* (Marie-Thérèse, princesse de Savoie, comtesse d'); d'après Drouais. In-fol.

Belle épreuve.

CHARLET (N.-T.)

137 — Sujets tirés d'albums et autres. Dix-sept pièces, dont plusieurs sur chine.

CHASSELAT (d'après)

138 — Les Danses de caractère. Suite de six pièces gravées par Lebas, en couleur.

Belles épreuves.

CHOFFART (P.-P.)

139 — *Palissot* (Charles), d'après Monet, — *La Rochefoucauld* (François VI, duc de), d'après Petitot. Deux portraits in-8.

Belles épreuves.

CLAAS (Alaert)

140 — Le Porte-enseigne (B., 40).

Très belle épreuve.

141 — Les Deux hommes et la femme endormie (B., 41).

Bonne épreuve, doublée.

COPIA

142 — Le Maréchal-ferrant de la Vendée, d'après Sablet.

Très belle épreuve avant la lettre.

CRANACH (L.)

143 — Saint Antoine transporté en l'air par les démons (B., 56).

Très belle épreuve.

DAULLÉ (J.)

144 — *Orléans* (Louis, duc d'), premier prince du sang, d'après Coypel. In-8.

Belle épreuve, marge.

DAUMIER (H.)

145 — Histoire ancienne. Quarante pièces du premier tirage.

DAVENT (L.)

146 — Diane et ses nymphes poursuivant un cerf, d'après Lucas Penni (B., 49), — Plusieurs hommes occupés à la pêche, d'après le Primatice (B., 65). Deux pièces.

Belles épreuves.

DEBUCOURT (P.-L.)

147 — Le Menuet de la mariée, 1786. En couleur.

Superbe épreuve.

DEBUCOURT (P.-L.)

148 — L'Escalade ou les Adieux du matin, 1787. En couleur.

Superbe épreuve.

149 — Vue de la ville de Lyon, prise du quai de Saône, d'après Wery.

Très belle épreuve; le ciel imprimé en bleu.

DE LAUNAY

150 — *Fénelon*, — *Piron*. Deux portraits in-12.

Rares épreuves à l'état d'eau-forte.

151 — *Tressan* (le comte de), d'après Borel, in-8, — *De Laurens de Reyrac* (Ph.), in-12. Deux pièces.

Belles épreuves.

DELAUNE (Étienne)

152 — Jonas se jette dans la mer (R. D., 15), — Différents sujets ornés de paysages, — Suite de dix-huit pièces dont nous n'avons que dix (R. D., 67-84). Onze pièces.

153 — Sujets divers. Suite de douze pièces dont nous n'avons que dix (R. D., 107-118).

Belles épreuves. Manquent les numéros 116 et 118.

154 — Plusieurs divinités de l'Antiquité Païenne. Suite de sept estampes, dont nous n'avons que quatre (R. D., 126-132).

Belles épreuves.

155 — Écran ou Miroir à main (R. D., 314). Le morceau du haut, découpé.

156 — L'Astronomie (R. D., 344), — Grotesques à fonds noir (R. D., 353-354), — Jupiter (359), — Apollon (362), — Léda (364), — L'Autel du Sacrifice (375), — Les Deux femmes aux Palmes (376), etc. Dix pièces, dont une double.

157 — Quelques-unes des Sciences figurées par des femmes debout au centre des compositions. Suite de six estampes, dont nous n'avons que cinq (R. D., 404-409).

Très belles épreuves.

DELAUNE (Étienne)

158 — Différents sujets de l'Ancien Testament. Suite de six pièces (R. D., 428-433).

Belles épreuves.

DE MARCENAY DE GHUY (Ant.)

159 — *Berghe* (Henri, comte de), d'après Van Dyck, in-4.

Très belle épreuve avant la lettre, marge.

160 — Henri IV, roi de France, d'après Jeannet, in-8.

Superbe épreuve avant la lettre.

161 — Marie-Antoinette, princesse de Pologne, d'après elle-même, in-fol.

Très belle épreuve avant la lettre.

162 — *Rembrandt*, d'après lui-même, — L'Homme à la plume blanche. D'après Rembrandt. Deux pièces.

Très rares épreuves à l'état d'eau-forte.

163 — La Dame aux Perles, d'après Rembrandt, — Commencement d'orage, d'après Rembrandt. Deux pièces.

Belles épreuves.

DIETERLIN (W.)

164 — Motifs d'architecture et de décoration. Cinquante-cinq pièces.

DIETRICY

165 — Le Satyre puni.

Belle épreuve.

DITMER (J.)

166 — Les Vertus théologales, représentées dans une bordure formée d'emblêmes religieux, d'après Martin de Vos.

Belle épreuve.

DIVERS

167 — Portraits de personnages célèbres à divers titres, gravés par des artistes du dix-septième siècle. Douze pièces.

DIVERS

168 — *Comtesse d'Aulnoi*, — *Barrême*, — *Bignon*, — *Boufflers*, — *Buffon*, — *Bussy-Rabutin*, — *Charles-Emmanuel III de Savoie*, — *Diderot*, — *Ducis*, — *Fontanes*, — *Lafontaine*, — *Fontenelle*, — *Francklin*, — *Gustave-Adolphe*, — *Hédvige-Éléonore*, reine de Suède, — *Henri IV*, — Al. *Karr*, — Le Père de *Lachaise*, — De *Lachambre*, — *Lalande*, — Le card. *de Lerme*, — *Loyola*, — *Marguerite* d'Autriche, — *Molière*, — Guill. et Marie, prince et princesse d'*Orange*, — Fred. H. prince d'*Orange*, — Le duc d'*Orléans*, — Fr. de *Paris*, — François de *Sales*, — Benoist *Spinosa*, etc. Trente-cinq portraits in-8, et in-4.

Belles épreuves.

169 — Pièces sur la mort, gravées sur bois, — Les Amazones, d'après Al. de Dreux, — Et une estampe d'après Courbet. Quatre pièces.

170 — La Mort et le Chevalier, — Les Ages de la Vie ; au milieu, la Mort. Deux pièces.

171 — Sujets Religieux et titres de Livres, par Huret, Mallery, G. Edelinck, Baudet, Audran, B. Picart, etc. Douze pièces.

172 — Portraits par Ficquet, De Marcenay, etc. Six pièces.

173 — Costumes et Estampes diverses, par Bruyn, Londerseel, Collaert, Hondius et J. Hopfer. Six pièces.

174 — Sujets et Paysages, par Cochin, Greuze, Morin, Rigaud, B. Picart, Boucher, Poussin, etc. Quatorze pièces.

175 — Eaux-fortes et gravures au burin, de l'École d'Italie. Quatre pièces.

DU CERCEAU (J.-A.)

176 — Reliquaire.

Très belle épreuve. Rare.

DUJARDIN

177 — Le Champ de bataille (B., 28).
Bonne épreuve.

DUPLESSIS-BERTAUX, PRIEUR, RAFFET, ETC.

178 — Planches tirées des *Tableaux de la Révolution*, Campagnes d'Italie, etc. Seize pièces, dont une à l'état d'eau-forte.

DURER (ALBERT)

179 — La Vierge assise, embrassant l'Enfant Jésus (B., 35).
Superbe épreuve.

180 — La Vierge donnant le sein à l'Enfant Jésus (B., 36).
Très belle épreuve.

181 — La Vierge avec l'Enfant Jésus emmailloté (B., 38).
Superbe épreuve.

182 — La Vierge assise au pied d'une muraille (B., 40).
Très belle épreuve.

183 — Saint Christophe (B., 52).
Belle épreuve.

184 — Sainte Geneviève (B., 63).
Très belle épreuve.

185 — Les Trois Génies (B., 66).
Bonne épreuve.

186 — Le Petit Courrier (B., 80).
Superbe épreuve.

187 — Le Paysan du Marché (B., 89).
Belle épreuve.

188 — Les Armoiries au Coq (B., 100).
Très belle épreuve.

189 — Philippe Melanchton (B., 105).
Superbe épreuve, un peu rognée du bas.

DU SART (Corneille)

190 — Le Couple Ivre (B., 7).

Très belle épreuve.

191 — La Ventouse (B., 12).

Bonne épreuve, les vers du bas coupés.

ÉCOLE FRANÇAISE DU XVIIe SIÈCLE

192 — Le Père Gérard et la Belle Cadière. Suite de quatre pièces, publiées à l'occasion de leur procès, in-4.

Très belles épreuves. Rares.

193 — La même suite, réduction in-8, avec deux pièces complémentaires. Six pièces.

Très belles épreuves. Toutes ces pièces portent comme peintre, le nom de Vanloo, et celui de N. de Larmessin comme graveur.

ÉCOLE FRANÇAISE DU XVIIIe SIÈCLE

194 — Belinde, — Clarice. Deux pièces en couleur de forme ovale, faisant pendants.

Superbes épreuves, marges.

ÉCOLE HOLLANDAISE

195 — Sujets Religieux et Mythologiques, par de Gheyn, Wierix, J. Van Velde, les Sadeler, etc. Douze pièces.

FALCK (J.)

196 — La sainte Vierge avec l'Enfant Jésus et sainte Anne, d'après le Tintoret.

Très belle épreuve avant la lettre.

FANTUZZI (Ant.)

197 — Dessin d'une Grotte artificielle à trois portes et autant de fenêtres (B., 35).

Très belle épreuve.

PICQUET (Étienne)

198 — *Cicéron*, d'après Rubens, — *Maintenon* (la marquise de), d'après Mignard. Deux pièces.

Belles épreuves.

199 — *Regnard* (Jean), d'après Rigaud.

Belle épreuve.

FRAGONARD (Honoré)

200 — Les Quatre Bacchanales (P. de B., 6-9).

Très belles épreuves.

FRAGONARD (d'après H.)

201 — Le Verrou, par Blot.

Très belle épreuve.

202 — Le Calendrier des vieillards, pour les Contes de La Fontaine, in-4.

Superbe épreuve avant la lettre, marge.

FRAGONARD et **DENON**

203 — Eaux-fortes d'après les maîtres italiens, — Sujets religieux et de genre. Douze pièces.

GALLE (C.)

204 — L'Adoration des rois, d'après Rubens, in-4.

Belle épreuve.

GATTI (Olivier)

205 — La Création du monde, — La Création de l'homme, — Le Sacrifice d'Abraham, — Judith et Holopherne. Cinq pièces dont une double.

Belles épreuves.

GAUCHER (Ch.-Ét.)

206 — *Baïf* (J.-Ant. de), — *Desportes* (Philippe). Deux épreuves d'états différents, — Scevole de *Sainte Marthe*, *Saluste du Bartas*. Cinq pièces.

Belles épreuves.

GAUCHER (Ch.-Ét.)

207 — *Montausier* (Charles de Sainte-Maure, duc de), d'après Ferdinand, — *Fénelon*, d'après Vivien. Deux portraits.

Belles épreuves.

GAUTIER (L.)

208 — M. le duc d'*Anjou*, — Le duc d'*Espernon*, — Le duc de *Joyeuse*, — Le duc de *Lorraine*, — La feue Royne d'Écosse. Cinq portraits in-8.

Bonnes épreuves avec marges.

GAVARNI et TRAVIÈS

209 — Le Salon, — Mayeux et Robert Macaire, — Jugement de la chambre qu'on vexe, etc. Neuf pièces.

GELLÉE (Claude)

210 — Le Passage du gué (R. D., 3), — La Danse sous les arbres (R. D., 10). Deux pièces.

211 — Le Troupeau en marche par un temps orageux (R. D., 18).

Très belle épreuve du deuxième état.

212 — L'Enlèvement d'Europe (R. D., 22).

Très belle épreuve du premier état.

GHISI (George)

213 — Un Cimetière, où des squelettes sortent de leurs tombeaux, et reprennent une nouvelle chair, pour paraître au jugement dernier, d'après J.-B. Bertano (B., 69.)

Très belle épreuve.

GILLOT (Claude)

214 — Fête de Bacchus, célébrée par des Satyres et des Bacchantes, — Fête de faune, Dieu des forêts, — Feste de Diane, troublée par des Satyres. Trois pièces.

Belles épreuves avant les vers.

GOUDT (Henri de), comte palatin

215 — La Décollation de saint Jean. Petite pièce de forme ovale.

Très belle épreuve. Rare.

216 — L'Ange accompagnant le jeune Tobie, qui porte un poisson, d'après A. Elsheimer.

Belle épreuve.

217 — La Fuite en Égypte.

Très belle épreuve.

GOYA (F.)

218 — Un Nain de Philippe IV, d'après Velasquez.

Belle épreuve, marge.

GRANVILLE (J.-J.)

219 — Voyage pour l'éternité. Six pièces avec grandes marges, coloriées.

GRATELOUP (J.-B.-S. de)

220 — La Jeune Espagnole, d'après Grimou (F., 2).

GUYOT

221 — Les Muses, — Les Promesses. Deux pièces en couleur de forme ronde.

Belles épreuves.

HARDING (d'après S.)

222 — Florizel et Perdita, — Damon et Phœbé. Deux pièces en couleur faisant pendants, gravées par Tomkins et Delatree.

Très belles épreuves.

HUBERT

223 — Hony soit qui mal y pense.

Bonne épreuve.

HUET (d'après J.-B.)

224 — Le Jeune berger, — La Jeune bergère. Deux pièces gravée aux trois crayons par Demarteau.

Belles épreuves.

JACQUE (Ch.)

225 — Paysages et sujets divers. Onze pièces.

Épreuve du premier tirage.

JANSSEN (Henry)

226 — Les grands Ovales, représentant les quatre Éléments entourés d'arabesques sur un fond gris. Suite de quatre pièces.

Superbes épreuves. Rares.

227 — Le grand plat à huit pans échancrés, et décoré d'une frise dans laquelle sont ménagés quatre médaillons contenant les quatre éléments personnifiés.

Superbe épreuve. Rare.

KRUG (L.)

228 — La Nativité (B., 1), — L'Adoration des rois (B., 2). Deux pièces.

Belles épreuves.

LANCRET et GREUZE (d'après)

229 — Le Théâtre Italien, par G.-F. Schmidt, — Florentine avec un petit chapeau, habillée à la dragone, par Ang. Moitte. Deux pièces.

Belles épreuves.

LANDRY, J. EDELINCK et C. BLOEMÆRT

230 — Frontispice pour l'*Enéide*, — Les Israélites dans le désert, etc. Trois pièces.

Belles épreuves.

LAVREINCE (d'après N.)

231 — L'Heureux moment, par N. de Launay (E. B., 28).

Très belle épreuve.

LAVREINCE et TOUZÉ (d'après)

232 — Valmont et la Présidente de Tourvel (E. B., 63), — La Présidente Tourvel. Deux pièces en couleur faisant pendants, gravées par Romain Girard.

Très belles épreuves.

LE BEAU

233 — *Du Bary* (la comtesse), d'après Drouais et Marillier, in-8.

Très belle épreuve avant le numéro, marge.

234 — *Orléans* (Louis-Pilippe, duc d'), d'après de L'Orme, in-4.

Belle épreuve.

LE BRETON (A Paris, chez)

235 — Le Matin. Petite pièce de forme ovale, en couleur.

Belle épreuve.

LE CLERC (d'après P.)

236 — Suite complète de un frontispice et six figures, par divers graveurs, pour le poème de *Jérémie* de Desmarais. Paris, 1771.

Belles épreuves.

L'ÉGARÉ (Gilles)

237 — Livre des ouvrages d'orfèvrerie fait par Gilles L'Égaré, orfèvre du roy. Suite de huit pièces dont un titre.

Bonnes épreuves.

LEPAUTRE et D. MAROT

238 — Tombeau, — Fontaine, — Jardin, etc. Cinq pièces.

LEYDE (L.)

239 — La Vierge avec l'Enfant Jésus, assise au pied d'un arbre (B., 83).

Belle épreuve.

240 — Le Baptême de Jésus-Christ (B., 40).

Belle épreuve.

241 — La Vieille avec la grappe de raisin (B., 151).

Très belle épreuve.

LUTMA (J.)

242 — *Lutma* (J.) le père, in-fol.

Superbe épreuve, tirée avant l'inscription au haut de la planche. Rare.

243 — *Hoolf* (Pierre), historien hollandais.

Très belle épreuve. Rare.

MAITRE AU MONOGRAMME A. F.

244 — L'Enfant ailé à cheval (B., tome XV, p. 536, n° 2).

Bonne épreuve.

MAITRE AU MONOGRAMME M.-H.

N° 235 DES MONOGRAMMES

245 — Quatre têtes de mort (B., tome IX, p. 84, n° 1).

Superbe épreuve avec marge.

MAITRE AU MONOGRAMME R.

246 — Panneau d'ornement (B., tome VIII, p. 541, n° 1).

Très belle épreuve.

MAITRE AU MONOGRAMME R. B.

247 — Montant d'ornement, avec deux figures d'enfants ailés au milieu. Non décrit.

Très belle épreuve.

MAITRE AU MONOGRAMME S. K.

248 — Saint Jérôme ; le monogramme est à droite, vers le haut.

Très belle épreuve.

MAITRE ANONYME FLAMAND

249 — Descente de croix, composition de forme ovale. On lit au bas : *Anno* 1651.

Très belle épreuve.

MATHAM (Th.)

250 — Instruments de musique; au milieu, une tablette avec tête de mort, sur laquelle on lit le mot : *Vanitas*

Belle épreuve.

MERCURY (P.)

251 — *Maintenon* (Françoise d'Aubigné, marquise de), d'après Petitot.

Épreuve sur chine.

MOITTE (d'après P.-E.)

252 — Le Jaloux endormi, par Vidal.

Belle épreuve, sans marge.

MOITTE

253 — Satyrs et bacchantes. Deux pièces en forme de frises.

Belles épreuves, imprimées sur satin.

MONTCORNET

254 — Portraits de personnages célèbres et reines de France. Vingt-quatre pièces.

MOREAU (J.-M.)

255 — *De la Borde* (J.-B.), auteur des *Chansons*, d'après Denon. In-4.

Belle épreuve.

NANTEUIL (Célestin)

256 — La Jolie fille de la Garde, chant populaire bourbonnais.

Bonne épreuve.

NATTIER (d'après)

257 — La Nuit passe, l'aurore paraît (Mme de Mailly), par Maleuvre.

Superbe épreuve, grande marge.

NETHER ET NOTHNAGEL

258 — Aveugle demandant l'aumône, — Buste d'un mendiant, — Portrait d'homme. Quatre pièces dont une donble, gravées à l'eau-forte.

Belles épreuves.

NOTHNAGEL (J.-A.-B.)

259 — Le Fumeur, — Le Voyageur, — Saint Antoine, etc. Quatre pièces.

OSTADE (ADRIEN VAN)

260 — Le Vielleur (B., 8)

Épreuve tirée avant divers travaux ajoutés depuis au burin, notamment au-dessous du bras du personnage.

261 — La Poupée demandée (B., 16).

Belle épreuve tirée avant que le coin du haut, à gauche, n'ait été terminé.

262 — Le Coup de couteau (B., 18), — Les Harangueurs (B., 19), — Les Deux commères (B., 40). Trois pièces.

263 — La Chanteuse (B., 30).

Bonne épreuve.

264 — Le Bénédicité (B., 34), — Le Goûter (B., 50). Deux pièces.

Belles épreuves.

PENCZ (G.)

265 — Sujets de la vie de Jésus-Christ (B., 37, 41 et 44). Trois piéces.

Belles épreuves.

266 — Jésus-Christ entouré de petits enfans (B., 56).

Très belle épreuve.

267 — Le Mauvais riche meurt comme il a vécu (B., 66), — Le Jugement de Pâris (B., 89). Deux pièces.

Belles épreuves.

PENCZ (G.)

268 — La Conversion de saint Paul, 1543 (B., 69).
Très belle épreuve.

269 — Mutius Scevola se brûlant la main droite en présence de Porsenna (B., 74).
Très belle épreuve.

270 — Collatin et quelques-uns de ses parens et de ses amis assemblés autour de Lucrèce qui vient de se donner la mort (B., 79).
Bonne épreuve.

271 — Horace Coclès défendant lui seul la tête du pont de Rome, contre l'armée de Porsenna (B., 80).
Très belle épreuve.

272 — Les sept Arts libéraux. Suite de sept estampes (B., 110-116).
Très belles épreuves.

273 — Les six Triomphes décrits par Pétrarque (B., 117-122).
Belles épreuves.

274 — Composition d'ornement (B., 123).
Belle épreuve.

PIRANESI

275 — Vues et antiquités de Rome. Vingt et une pièces.

PODESTA (J.-A.)

276 — Bacchanale (B., 4).
Très belle épreuve.

POILLY (Nicolas)

277 — *Le Tellier* (Michel), chancelier. In-folio.
Très belle épreuve.

PORPORATI

278 — *Victor-Amédée III*, roi de Sardaigne, d'après Molinari. In-fol.
Très belle épreuve.

PRUD'HON (d'après P.-P.)

279 — Abrocome et Anzia, par Roger.

Très belle épreuve avant la lettre, les noms d'artistes à la pointe.

280 — Daphni e Cloe, — Aminta. Deux pièces gravées par Roger.

Très belles épreuves.

281 — Phrosine et Mélidor, par Roger, — Zéphire, par Pitaux; — Toilette de Vénus, par Flameng. Trois pièces.

Belles épreuves.

282 — Vénus et l'Amour, par Roger.

Superbe épreuve, marge.

283 — L'Égalité, par Copia.

Belle épreuve.

284 — La Justice et la Vengeance divine poursuivant le crime, par Roger.

Belle épreuve.

285 — Riamis armé de sa massue, délivrant les prisonniers anglais, gravé par Godefroy.

Belle épreuve avant la lettre.

286 — Adresse de la Ve Merlen, tient fabrique et magasin d'orfèvrerie.... Boulevard Montmartre n° 1047, entre les deux pâtissiers, par B. Roger.

Très belle épreuve. Rare.

287 — Toilette de l'Impératrice et berceau du roi de Rome. Quatre pièces.

Bonnes épreuves.

QUELLINUS (E.)

288 — Amours et satyrs dansant dans un paysage.

Belle épreuve.

RAIMONDI ET **C. CORT**

289 — La Cassolette à parfums, d'après Raphaël (B., 489), — Tarquin et Lucrèce, d'après Titien. Deux pièces.

REMBRANDT (P. Van Rijn)

290 — Rembrandt appuyé (B. et Cl., 21) Ch. Bl. 234.

Très belle épreuve, un peu rognée du haut.

291 — Abraham qui reçoit les trois anges (B., 29), Cl. 35, C. B., 2.

Superbe épreuve.

292 — Abraham et Isaac (B., 34), Cl., 39, Ch. Bl., 5.

Superbe épreuve.

293 — Joseph racontant ses songes à sa famille (B., 37), Cl., 41, C B. 9.

Superbe épreuve du premier état, avant les contretailles sur le visage et le turban du frère de Joseph debout derrière lui, ainsi que sur le rideau du lit, vers la droite.

294 — L'Ange disparaissant devant la famille de Tobie (B., 43). Cl., 47, Ch. Bl., 16.

Très belle épreuve.

295 — L'Annonciation aux bergers (B., 44, Cl. 48, Ch. Bl. 17).

Belle épreuve.

296 — La Vierge avec l'enfant Jésus sur des nuages (B., 61), Cl. 65. C. B., 32.

Très belle épreuve.

297 — Le Denier de César (B., 68), Cl. 72, Ch. Bl., 42.

Très belle épreuve.

298 — La Samariraine (B., 70, Cl. 74, Ch. Bl., 45).

Belle épreuve.

299 — Jésus-Chrtst en croix (B., 80), Cl. 85. C. B., 55.

Très belle épreuve.

300 — La Descente de croix, au flambeau (B , 83), Cl. 87. C. B. 58.

Très belle épreuve, marge.

301 — La même estampe.

Bonne épreuve.

REMBRANDT (P. VAN RIJN)

302 — Les Disciples d'Emmaüs (B., 87, Cl. 91, Ch. Bl. 63).

Belle épreuve.

303 — Le Bon Samaritain (B., 90, Cl. 94, C. B. 41).

Très belle épreuve avec une petite marge.

304 — L'Homme qui pisse (B., 190, Cl. 187, Ch. Bl. 155).

Belle épreuve, signée au verso : P. Mariette, 1669.

305 — La Femme qui pisse (B., 191, Cl. 188, Ch. Bl. 156).

Très belle épreuve. Rare.

306 — Femme nue les pieds dans l'eau (B., 200, Cl. 197, 164).

Très belle épreuve.

307 — La même estampe.

Superbe épreuve, sur papier du Japon.

308 — Portrait de Clément de Jonge (B., 272, Cl. 269, C. B. 180).

Très belle épreuve.

309 — Rembrandt vu de face et riant (B., 316, Cl. 39, C. B. 218).

Superbe épreuve.

310 — Vieille bien caractérisée regardant en bas (B., 351, Cl. 341, C. B. 191).

Très belle épreuve.

REMBRANDT (ÉCOLE DE)

311 — Circoncision. Estampe gravée presque au trait (Cl. 12).

Très belle épreuve.

312 — Une femme devant une fenêtre (Cl. 58).

Très belle épreuve. Rare.

REVERDINO (C.)

313 — Vulcain surprenant Mars et Vénus (B., 19).

Très belle épreuve.

ROULLET

314 — *Luxembourg* (le maréchal de), d'après Parrocel.

Épreuve avant la lettre.

SADELER (E.-G.)

315 — Les Instruments de la passion portés par des anges. Suite de quatre pièces.

Très belles épreuves.

SAINT-AUBIN (Aug. de)

316 — Jupiter et Léda, d'après Paul Véronèse.

Superbe épreuve avant la dédicace, toute marge.

317 — La même estampe.

318 — *Belloy* (Pierre-Laurent de), — *Condorcet*. Deux portraits in-8.

Belles épreuves.

319 — *Bernis* (le cardinal de), — J. *Caesar*, — *Cicéron*, — P. *Corneille*, — Th. *Corneille*, — *Louis XIV*, — Mme de *Maintenon*, — B. *Pascal*, — *Phocion*, — *Regnard*, — *Virgile*. Douze pièces.

SALEMBIER

320 — Cahier d'Arabesques composés et gravés par Salembier. Cahier B. A Paris, chez Chéreau. Suite de six pièces.

Très belles épreuves.

SAVART (P.)

321 — *D'Alembert* (J.), d'après Mlle Lusurier (F. 1), — *Bayle* (Pierre), — *Boileau-Despréaux* (Nicolas), — *Buffon* (le comte de), — *Catinat* (Nicolas de). Cinq portraits in-8.

Belles épreuves.

322 — *Livry* (Nicolas de), — *Louis* le Grand, — *Racine* (Jean), — Le *Tasse*. Quatre portraits in-8.

Belles épreuves.

SCHMIDT (G.-F.)

323 — Notre-Seigneur présenté au temple, d'après Rembrandt (Cl. 5).
Très belle épreuve.

324 — Le Philosophe dans sa grotte (Cl. 7).
Très belle épreuve.

325 — La Résurrection de la fille de Jaïre, d'après Rembrandt (Cl. 8).
Très belle épreuve.

326 — Lot avec ses filles, d'après Rembrandt (Cl. 9).
Superbe épreuve.

SCHRŒDER (C.)

327 — Portrait d'un jeune homme, d'après Ph. Konink.
Très belle épreuve.

SCHUPPEN (P. VAN)

328 — *Borri*, d'après Ovens, in-fol.
Très belle épreuve, marge.

329 — *Deshoullières* (Mme), d'après Mlle E. Chéron, in-8.
Deux épreuves.

SCHUT (CORNEILLE)

330 — Le Couronnement de la Vierge.
Très belle épreuve, marge.

SEMOIS (J.-P.)

331 — Vénus, accompagnée des amours et de l'harmonie, d'après Flaxman, en couleur.
Très belle épreuve, marge.

SMITH (J.-R.)

332 — Monimia visiting the tomb of Lucilius, d'après H. Cosway, en couleur.
Très belle épreuve.

STELLA (C.)

333 — *Stella* (Jacques), premier peintre du Roy, chevalier de l'ordre de Saint-Michel, in-4.

Belle épreuve.

STRANGE (R.)

334 — Cléopâtre, d'après Guido Rheni.

Bonne épreuve.

SUBLEYRAS (P.)

335 — Le Serpent d'airain (R. D., 2).

Épreuve d'un premier état, non décrit, avant la lettre, plus la même composition gravée par Pujol de Martry. Deux pièces.

SUYDERHOEF (J.)

336 — Les Trois Commères ou les Parques hollandaises, d'après Ostade.

Belle épreuve.

TÉNIERS, LOUTHERBOURG ET GILLOT (d'après)

337 — L'Hiver, — Arrivée au Sabat, — La Tentation de saint Antoine, — L'Évocation des morts, — Le Sabat des sorcières. Cinq pièces.

Belles épreuves.

VANLOO (d'après C.)

338 — La Belle Jardinière (Mme de Pompadour), par J.-L. Anselin, in-fol.

Superbe épreuve, grande marge.

VAUQUER (Jean)

339 — Sujets tirés de l'Écriture sainte, accompagnés de frises d'ornements et de bouquets de fleurs. Suite de huit pièces numérotées.

Belles épreuves.

340 — Ornements divers, par Vauquer, Bourguet et autres. Sept pièces.

VERNET (Joseph)

341 — La Plage à la grosse tour (P. de B., 1), — Le Retour de la pêche (2). Deux pièces.

Très belles épreuves.

VICO (Eneas)

342 — Tarquin et Lucrèce (B., 15).

Épreuve du premier état.

343 — La Dispute des muses et des filles de Piérus (B., 28).

Très belle épreuve.

VIGNETTES

344 — *Anonyme*. Suite complète de cinq vignettes in-8 pour : *Les Crimes des Reines de France*, plus une copie. Six pièces.

345 — *Chauvet*. Suite complète de dix pièces pour *La Guerre des Dieux*, de Parny.

Épreuves avant la lettre.

346 — *Chodowiecki*. Danse des morts. Suite complète de douze pièces.

347 — Vignettes in-18 gravées par Penzel pour une histoire de Russie. Cinq pièces.

Vignettes in-18 gravées par Penzel, pour une histoire de Suède. Dix pièces.

Suite de 12 vignettes gravées à l'eau-forte pour un roman de la fin du dix-huitième siècle. Douze pièces.

En tout vingt-sept pièces.

348 — *Coiny*. Suite complète de gravures in-8 avec bordures pour les Fables de Florian.

349 — *Divers*. Onze pièces détachées de différentes suites pour des œuvres dramatiques du dix-huitième siècle.

350 — *Eisen* (*d'après Ch.*). Copies d'après les estampes des Contes de La Fontaine, édition des fermiers généraux. Vingt-cinq pièces dont quatre gravées par Brichet en 1767.

VIGNETTES

351 — Gaultier (L.). Suite complète de sept pièces in-18, gravées pour : *Le Trésor des indulgences du cordon de Saint-François*, 1605.

352 — *Gravelot.* Suite complète de six figures et neuf en-têtes, gravés par Le Mire, pour les *Œuvres mêlés de littérature* de M. de Lafarge. Paris, 1707, quinze pièces.

353 — *Johannot* (*T.*). Suite de dix compositions, gravées sur bois, pour : *Le Nouvelle Héloïse.*

Épreuves sur chine, avant la lettre.

354 — *Johannot* (*Tony*) *et Ch. Jaques.* Suite de douze vignettes, pour le *Voyage sentimental* de Sterne.

Épreuves sur chine.

355 — *Johannot* (*Al. et T.*). Vignettes pour les Œuvres de Chateaubriand. Paris, Furne, 1832, vingt-quatre pièces.

356 — Neuf pièces double de la suite précédente.

Épreuve avec titres différents.

357 — *Lebarbier.* Vignettes in-4° avec bordures, pour les Œuvres de Gessner, huit pièces.

Très belles épreuves, toutes marges.

358 — *Marillier* (*d'après*). Titres, frontispices et vignettes, pour les Œuvres de Dorat, *la Pucelle*, *la Mort d'Abel*, *les Mille et une nuits*, etc, dix-sept pièce.

359 — *Monnet* (*d'après*). Vignettes in-4° avec bordures, gravées par J.-B. Tilliard, pour *Télémaque.*

Bonnes épreuves.

360 — *Monnet et Mlle Gérard* (*d'après*). Dix vignettes in-8° par divers graveurs, pour *les Liaisons dangereuses.*

Belles épreuves.

361 — *Moreau* (*d'après J. M.*). Suite de neuf figures par divers graveurs et un portrait par Saint-Aubin, pour les Œuvres de Crébillon. 2 vol. in-8, 1818.

VIGNETTES

362 — Suite complète de quatre vignettes, gravées par de Ghendt, Simonet, Malbeste et Dupréel, pour l'*Histoire de Gerard de Nevers*, in-12, 1792.

Belles épreuves.

363 — *Moreau*. Onze pièces par divers graveurs, pour les Romans et Contes de Voltaire, 1787.

364 — *Penzel* (*J.*). Suite de sept vignettes in-12, gravées à l'eau-forte, pour *Don Quichotte*.

365 — *Queverdo* (*d'après*). Suite complète de 24 figures et un portrait, par divers graveurs, pour le *Télémaque*, 4 vol. in-12, 1808.

Très belles épreuves.

366 — *Rohbock et Langé*. Le Rhin et ses bords, depuis les Alpes jusqu'à Mayence. Collection de vues pittoresques par L. Rohbock, Louis et Jules Langé; gravées sur acier, par les premiers artistes de l'Allemagne et accompagnées d'un texte historique et descriptif par J.-W. Appell, 1854, cinq livraisons.

367 — *Saint-Quentin* (*d'après*). Suite de cinq vignettes in-8, gravées par Malapeau et Roi, pour le *Mariage de Figaro*.

Belles épreuves.

368 — *Vignettes romantiques*. Deux vignettes d'après T. Johannot, gravées sur bois par Porret, pour : *Le Cheveu du Diable*. 2 p.

Deux vignettes sur bois, par les mêmes artistes, pour : *Résignée*, de Gustave Drouineau. 2 p.

Deux vignettes sur bois, par Andrew et Leloir, d'après Johannot, pour : *Le Vendéen*. 2 p.

Deux vignettes sur bois, par Porret, d'après Johannot, pour *la Peau de chagrin*, de Balzac. 2 p.

Une vignette sur bois, par les mêmes artistes, pour : *Saynetes*, de Paul Foucher. 1 p.

Une vignette sur bois, par les mêmes artistes, pour : *Le Manuscrit vert*, de G. Drouineau. 1 p.

VIGNETTES

Une vignette sur bois, par les mêmes artistes, pour : ? 1 p.

Deux vignettes sur bois, par les mêmes artistes, pour: *la Salamandre*, d'Eugène Sue. 2 p.

Une vignette sur bois, par les mêmes artistes, pour : *les Contes de Balzac* (Jésus-Christ en Flandre). 1 p.

Une vignette sur bois, par les mêmes artistes, pour : *les Nouveaux Contes philosophiques*, de Balzac. 1 p.

Une vignette sur bois, par Andrew, d'après Johannot, pour : *le Roy des Ribauds* du bibliophile Jacob. 1 p.

Une vignette sur bois, par Porret, d'après Johannot, pour : *le Roy s'amuse*, de Victor Hugo. 1 p.

Une vignette sur bois, par les mêmes artistes, pour : *Excellence* de Roger de Beauvoir. 1 p.

Une vignette sur bois, par les mêmes artistes, pour : *la Romance*. 1 p.

Trois vignettes sur bois, par les mêmes artistes, pour: *les Rebelles sous Charles V*, du vicomte d'Arlincourt. 3 p.

Deux vignettes sur bois, par les mêmes artistes, pour : *Sous les Tilleuls*, d'Alphonse Karr. 2 p.

Une vignette sur bois, par Leloir, d'après Johannot, pour: *les Ecorcheurs*, du vicomte d'Arlincourt. 1 p.

Deux vignettes sur bois, par Cherrier et Brevière, d'après Johannot, pour: *Une heure trop tard*, d'Alphonse Karr. 2 p.

Deux vignettes sur bois, par Porret, d'après Johannot, pour : *les Mauvais garçons*, d'Alphonse Roger. 2 p.

Trois vignettes sur bois, par Brevière, d'après Johannot, pour : *Stella*, d'Alfred de Vigny. 3 p.

Deux vignettes sur cuivre par Thompson, d'après J. David, pour *Thadéus le ressuscité*, de Michel Raymond. 8 p.

VIGNETTES

Une vignette sur bois, par Jules David, pour : *La Napolitaine*, 1 p.

Deux vignettes sur bois, par Porret et Cherrier, d'après J. David, pour : *Marie de Médicis*. 2 p.

Deux vignettes sur bois, par Lacoste, d'après Jules David, pour : *Struensée*, suite double. 4 p.

Une vignette sur bois, d'après Levasseur, pour : *le Pénitent*, de Cassaignaux. 1 p.

Une vignette à l'eau-forte par Garnier, d'après Gigoux, pour *Champavert le Lycantrope*, 2e édit. 1 p.

Une vignette à l'eau-forte, par Camille Rogier, pour le tome II *du Marchepied*, de Léon Vallerand. 1 p.

Une vignette sur bois, par Thompson, d'après Henri Monnier, pour : *les Cent et une Nouvelles*. 1 p.

La Fuite en Egypte, pièce gravée à l'eau-forte, par Célestin Nanteuil et publiée dans l'*Artiste* 1833. 1 p.

Frontispice par Célestin Nanteuil, pour : *les Impressions de voyage*, d'Alexandre Dumas. 1 p.

Frontispice à l'eau-forte, par Célestin Nanteuil, pour : *le Monde dramatique*. 1 p.

Frontispice à l'eau-forte, par Célestin Nanteuil, pour : *le treizième volume de l'Artiste*. 1 p.

Frontispice par Célestin Nanteuil, pour : *Venezzia la Bella*, de Al. Rogier. Deux épreuves. 2 p.

Scène d'*Hamlet* et *Dina la belle Juive*. Deux pièces, par Célestin Nanteuil, publiées dans l'*Artiste*. 2 p.

Une vignette sur bois, par Brevière et Tellier, pour : *Sacountala*, d'Eusèbe de Salles. 1 p.

Frontispice, par Félicien Rops. pour *les Epaves*, de Charles Baudelaire. 1 p.

Deux frontispices, par L. Flameng et Félicien Rops, pour : *les Dessous de Paris* et *le Grand et petit trottoir*, par Alfred Delvau. 2 p.

Quatre pièces diverses, tirées du journal l'*Artiste*. 4 p.

En tout soixante-une pièces, la plupart tirées sur chine volant.

VISSCHER (C. de)

369 — Les Patineurs, d'après A. van Ostade.

Belle épreuve avec l'adresse de Nicolaus Visscher, marge.

370 — Le Matin, d'après P. de Laer (72).

Très belle épreuve.

VORSTERMAN (Lucas)

371 — La Pêche du poisson pour payer le tribut, d'après Rubens.

Belle épreuve.

WARD (d'après W.)

372 — Louisa, par Bartolonii, en couleur.

Belle épreuve.

WATERLOO (C.)

373 — Paysages et vue d'un village de Hollande, quatre pièces.

WATTEAU (d'après Ant.)

374 — La Troupe italienne, par Boucher (P. de B., 151.)

Très belle épreuve d'un état non décrit, avec les mots : A l'eau-forte, au-dessous de : Boucher sculp.

WILKIE (d'après D.)

375 — The rent Day, par Raimbach.

Belle épreuve.

WOOLLET (W.)

376 — Celadon and Amelia, d'après R. Wilson.

Belle épreuve.

WYCK (Th.)

377 — La Fileuse (B., 1.)

Belle épreuve.

DESSINS

CHALLES

378 — Le Festin de Sardanapale.

A la plume et lavis de sépia.

JACQUE (Ch.)

379 — Croquis.

Quinze dessins au crayon noir et mine de plomb.

JAQUOTOT (V.)

380 — *Senonnes* (la baronne de).

Dessin au crayon noir et mine de plomb, rehaussé de blanc.

WECHTER (Hans), 1648

381 — Satyre découvrant une nymphe endormie.

A la plume.

SUPPLÉMENT

ANONYME

382 — Accident funeste, arrivé à une vivandière dans le pays de Hanovre pendant le passage des troupes françaises, en couleur.

Très belle épreuve, marge.

BAUDOUIN (d'après P.-A.)

383 — L'Enlèvement nocturne, par N. Ponce (E. B., 20.)

Belle épreuve.

384 — Le Lever, par Massard (E. B., 29.)

Très belle épreuve, avec l'adresse de Mme Baudouin.

385 — Le Matin. — Le Midi. — Le Soir. — La Nuit. Suite de quatre pièces, gravées par de Ghendt.

Belles épreuves.

BAUDOUIN (d'après P.-A.)

386 — Le Matin, par de Ghendt.

Belle épreuve, toute marge.

387 — La Toilette, par N. Ponce (E. B., 48.)

Très belle épreuve, avec la première adresse, celle de Mme Baudouin.

BOSIO (J.)

388 — Le Coucher des ouvrières en linge. — Le Lever des ouvrières en linge. Deux pièces en couleur faisant pendants.

Très belles épreuves, grandes marges.

CARÊME (d'après)

389 — La Culbutte imprévue, par J. Moret. En couleur.

Très belle épreuve, grande marge.

390 — Les Plaisirs champêtres, par Wossenik. En couleur.

Très belle épreuve, marge.

CARÊME (d'après)

391 — Vénus au bain. — Vénus sortant du bain. Deux pièces en couleur, gravées par L'Eveillé.

Belles épreuves.

CARICATURES

392 — Les Aprêts du bal. — La Bouillotte. — La moderne Danaë. — Le Médecin aux urines. — Les Patineurs du bon genre. Cinq pièces.

393 — Les Apprêts pour Tivoli. — Le Coup de vent. — La Valse. — L'Orage. — La Leçon de danse. — Allons à Bagatelle. — Les Coulisses de l'Opéra, etc. Neuf pièces.

394 — La Toilette pour aller au Sérail. — Le Sérail. — La Leçon du soir. — Trois petits pâtés, ma Chemise brule. Quatre pièces.

395 — Le Retour du bal. — Les Glaces. — La Walse. — La Sauteuse. — La Toilette. — L'Ecarté. Six pièces de la suite du *Bon genre* et *Musée grotesque*.

DEBUCOURT (P.-L.)

396 — La Rose mal défendue.

Très belle épreuve.

DESRAIS (d'après)?

397 — La Surprise. — L'Heureux moment. Deux pièces en couleur de formes ovales.

Belles épreuves.

DICKENSON

398 — The convent provided, d'après Grins. En couleur.

Belle épreuve.

ÉCOLE FRANÇAISE DU XVIIIe SIÈCLE

399 — Le Curieux, d'après Baudouin. — Les deux amants, d'après Huet. — La Cachette découverte, d'après Fragonard, etc. Quatre pièces.

FRAGONARD (d'après H.).

400 — Sujets tirés des Contes de La Fontaine, édition Didot, in-4. Six pièces.

Très belles épreuves, dont une avant la lettre.

HARRIET (d'après F.-J.)

401 — Le Thé parisien. Suprême bon ton au commencement du dix-neuvième siècle, par Adrien Godefroy. En couleur.

Très belle épreuve.

HUET (d'après J.-B.)

402 — Les Amours rendant hommage à Vénus. En couleur.

Très belle épreuve, marge.

403 — La Chevrière. — La Vachère. Deux pièces en couleur.

JANINET (F.)

404 — Bacchus préside à la fête. — Le Culte sistématique. Deux pièces en couleur, faisant pendants, d'après Carême.

Très belles épreuves, grandes marges.

JEAURAT (d'après ÉT.)

405 — Le Transport des filles de joye à l'hôpital, par C. Le Vasseur.

Très belle épreuve.

LAVREINCE (d'après N.)

406 — Ah! laisse-moi donc voir, par Janinet. En couleur (E. B., 2.)

Très belle épreuve.

407 — Le Printemps. En couleur. (E. B., 49.)

Belle épreuve.

408 — Qu'en dit l'abbé? par N. De Launay (E. B., 51.)

Bonne épreuve.

409 — Les Sabots, par J. Couché (E. B., 57.)

Très belle épreuve.

NAUDET (d'après)

410 — Le Sérail parisien, ou le Bon ton de 1802, par Blanchard. En couleur.

Très belle épreuve.

PRUD'HON (d'après P.-P.)

411 — Le Bain, par Blanchard.

Belle épreuve.

QUEVERDO (d'après)

412 — Le Couché de la mariée. — Le Levé de la mariée. Deux pièces faisant pendants, gravées par Patas et Dembrun.

Très belles épreuves.

SAINT-AUBIN (Aug. de)

413 — Jupiter et Léda, d'après Paul Veronèse.

Bonne épreuve.

SCHALL (d'après)

414. — L'Amour envollé, par Ruotte. En couleur.

Bonne épreuve.

Imprimerie D. Dumoulin et Cie, à Paris.

www.ingramcontent.com/pod-product-compliance
Ingram Content Group UK Ltd.
Pitfield, Milton Keynes, MK11 3LW, UK
UKHW021129230726
13926UKWH00002B/695